Mon jardin de fleurs

D1507269

Julie Boudreau

Illustrateur
Erich Dauphin

Bonjour mon petit ami!

Me reconnais-tu?

C'est moi, **Juju**!

Aujourd'hui, je vais réaliser un **jardin de fleurs**!

C'est beau, les fleurs, trouves-tu?

Elles sont colorées, elles sont belles à regarder et, parfois, elles sont parfumées!

Toi aussi, tu peux faire un jardin fleuri.

C'est très **facile**.

En premier, magasinons!

Hourra!

On dépense les sous de maman! Ceux de
    papa aussi!

À la jardinerie, je choisis des sachets
        de **semences**. Oh les belles images!

Je prends des graines de centaurées, de zinnias,
        de soucis des jardins, de gloires du
        matin, de tournesols,
        de cosmos roses et
        de cosmos orange.

Là, je vois des
        plants de
        tagètes,
        d'impatientes
        et de pensées.

Sortons les outils!

Pour créer mon jardin de fleurs, il me faut des **outils**.

Dans la cabane de jardin, j'ai trouvé...

...des gants

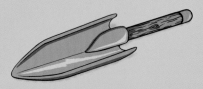

...une truelle

...un arrosoir

...des tuteurs.

«Pas besoins d'outils **so-phis-ti-qués** pour jardiner. Cette cuillère est parfaite pour creuser des trous. Avec ce pichet, je peux arroser mes plants.»

4

Vive le compost!

Pour que mon jardin de fleurs soit **très** fleuri, j'ajoute du compost.

Les fleurs aiment le compost.

Le compost **nourrit** les fleurs.

Maman dit que c'est de **l'or noir**.

Moi, je trouve que ça ressemble à de la terre.

«Miam! Du compost! Merci Juju!»

Voici mon coin fleuri

D'accord. Il n'est pas encore plein de fleurs, mais ça viendra.

Maman a préparé une **plate-bande**, juste pour moi!

J'ai ajouté du compost.

Elle a retourné la terre.

J'ai égalisé le sol avec un râteau.

Mon jardin est prêt à être semé et planté.

Je dessine mon jardin

Regarde! Avec mes crayons de couleur,
j'ai dessiné un **plan**.

Ici, il y a les cosmos. Là, ce sont les centaurées.

Les grands **tournesols** sont au fond du jardin.

Imagine ton jardin fleuri.

Peux-tu dessiner le plan de ton jardin?

Semons !

Chaque **petite** graine
deviendra une fleur.
Une graine, c'est **vivant**.
C'est une réserve d'énergie !
Je sème les graines
au **printemps**, quand
les feuilles apparais-
sent dans les arbres.

«Avec de la terre, de l'eau, de la lumière et de l'air, je prends vie ! Je germe !»

Pour semer

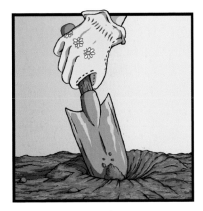

Je creuse un trou
avec ma truelle.

Je dépose une graine.
Oups! Pas deux!

Je recouvre la graine
avec de la terre.

Je place un bâtonnet.
C'est pour me souvenir
où sont mes fleurs.

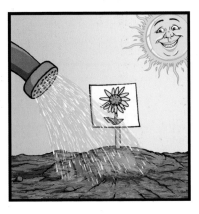

J'arrose le sol.

Plantons!

Certaines fleurs poussent **lentement** si on les sème.

Alors, je les plante.

Avant de planter, j'arrose mes plants de fleurs.

Les plantes n'ont pas de **bouches**, comme nous.

Elles boivent et mangent par les **racines**. Celles-ci aiment vivre dans la terre.

Quand je plante, je cache bien les racines **sous** la terre.

Mes impatientes sont dans une caissette de polystyrène. Maman sépare les plants avec un couteau.

Pour planter

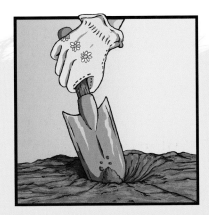

Je creuse un grand trou
avec ma truelle.

Je prends mon plant.
Je le tiens par les racines.

Je plante. Attention !
Pas trop creux !

Je recouvre les racines.
Je tasse un peu la terre.

J'arrose le sol.

Décorons!

J'ai semé et planté **toutes** mes fleurs!

Maintenant, je place des décorations!

Je plante des **tuteurs** décoratifs.

J'installe une petite **clôture** de branches.

Je dépose un nain de jardin.

Bizarre. Il ressemble à quelqu'un que je connais...

Ajoutons un petit sentier

Bobo, mon voisin, m'aide à placer les pierres
de mon **sentier**.

Oh! Non! Il a échappé une pierre sur son **orteil**!

Pauvre Bobo!

«Aie!»

Mon jardin fleuri est prêt!

J'ai semé.

J'ai planté.

J'ai décoré.

Qu'est ce que je fais **maintenant** ?

« S'il te plaît Juju! Aide-moi! »

« Juju! J'ai faim! »

« Au secours Juju! J'ai soif! »

« Ah! Je suis envahi! Juju! Viens à mon secours! »

Mes fleurs
ont besoin de moi

Elles ont besoin d'eau.

Elles ont besoin d'**engrais**.

Elles ont **encore** besoin d'eau.

J'arrache les mauvaises herbes.

«Super Juju!
À la rescousse!»

Découvrons les mauvaises herbes...

Les **mauvaises herbes** ne sont pas vraiment méchantes, mais elles n'ont pas le droit de pousser dans **mon jardin** fleuri!

Le pissenlit

Le plantain majeur

Le pourpier

Le chénopode blanc

... et les bonnes!

Ce sont mes **fleurs**!

Je ne dois pas les arracher!

Je reconnais un petit plant...

...de gloire du matin

...de zinnia

...de tournesol

...de cosmos.

Ohé !

Je suis la centaurée.

Je pousse **vite** et partout.

J'aime le soleil.

Tu peux oublier de m'arroser, ça ne me fait rien.

J'ai l'air délicate, mais je suis **résistante**.

Coucou-lou-di-lou !

Z'est moi! Le zinnia!

Ze zuis une fleur rigolote!

Ze zuis **facile** à zemer. Ze pousse au zoleil.

Ze ne zuis pas gourmande, mais z'aime m'amuser!

Hi! Hi!

« Pourrais-tu zongler comme le zinnia ? »

19

Salut petit terrien !

Je suis le cosmos rose

C'est moi la fleur du futur. Je pousse vite et je ne suis pas une fleur **gourmande**.

Il faut parfois me fixer sur un **tuteur**, car je suis une grande plante.

« Ne donne pas trop d'engrais au cosmos, car il ne fleurira pas. »

Hé ! Petit terrien !

Je suis
le cosmos orange.

Je suis le petit-cousin du
cosmos rose.

Si il est facile
à cultiver,
moi, je suis
super-facile
à cultiver.

De toutes les fleurs semées,
je serai le **premier**
à fleurir !

Bonjour toi !

Je suis
le souci des jardins.

Je suis timide.

Je sais, c'est un nom inquiétant.

Pourtant, avec moi **pas de soucis**.

Je pousse au soleil.

J'aime le compost.

Tu peux manger mes pétales ! **Pas tous**, s'il te plaît !

ah enfin!

Je suis l'impatiente!

Tout de même!

Me faire attendre, **moi**!

C'est moi la plus facile
à cultiver.

Je pousse très bien
à l'**ombre**.

Je fleuris
sans arrêt.

Si tu me plantes
au soleil,
je dois recevoir
beaucoup d'eau.

Hé ! Tournesol !

C'est moi,
la gloire du matin !

Regarde-moi !

Je suis plus **grand** que toi !

Je pousse en un rien de temps, même si le sol est pauvre.

«Les fleurs de la gloire du matin ouvrent tôt le matin et se referment en fin d'après-midi.»

C'est moi, le **grand** tournesol !

Tu triches !

Tu as besoin d'un support pour t'enrouler.

Sans lui, tu rampes au sol comme un ver de terre !

Avec **beaucoup** de soleil, d'eau et d'engrais, je vais te rattraper !

Ce sera moi le **plus** grand !

SECRET DE FLEURS

Bonjour petit chou !

Moi, je suis le tagète.

Désolé pour ces deux-là.
Ils n'arrêtent pas
de se quereller.

Je suis une plante
précieuse, car mes fleurs
sont en or !

J'aime le soleil.

J'aime recevoir un petit peu
de compost.

Si tu oublies de m'arroser,
ce n'est pas grave.

Je suis tolérante à la **sécheresse**.

« Coupe les fleurs
fanées des tagètes
avec tes ciseaux. »

Ah! Tu es là!

Je suis la pensée.

Désolée.

J'étais perdu dans mes pensées!

Suis-je une fleur de soleil ou d'ombre?

Les deux.

Est-ce que je préfère un sol riche ou pauvre?

Les deux.

Ah! Tant de questions!

Chose certaine, j'aime les températures **fraîches**.

C'est au printemps et à l'automne que je fleuris le plus.

SECRET DE FLEURS

C'est l'été!

Regarde mon jardin fleuri!

Il est magnifique!

Quelle fleur est la plus haute?

Quelle est ta fleur préférée?

J'ai cueilli un **bouquet** de fleurs pour maman.

J'ai réussi!

Cette section renferme tous les renseignements nécessaires pour aider l'enfant de trois à six ans dans son projet de jardinage.

Jardiner avec les enfants de trois à six ans demande nécessairement la participation des adultes, que ce soit pour l'achat de matériel ou pour guider les gestes des petits. Les activités de jardinage avec ceux-ci exigent de la supervision et parfois de la patience, mais ce sont des heures investies à initier l'enfant au rapprochement avec la nature. Les activités proposées par Juju peuvent être réalisées comme telles ou servir de source d'inspiration.

Quand semer ?

Juju a raison de parler des feuilles qui apparaissent dans les arbres. C'est un très bon indice phénologique. L'arrivée des feuilles dans les arbres indique que les températures de l'air ambiant et du sol sont suffisamment chaudes pour assurer le retour de la vie.

Certaines graines peuvent survivre à des gels légers, à l'abri dans le sol. Par contre, les jeunes plantules sont très fragiles aux dernières gelées. En plus de se fier aux indices de la nature, il est recommandé de semer environ une semaine avant la date de risque du dernier gel ou juste après cette date fatidique.

Dernier gel

Même si Dame Nature demeure imprévisible, on estime tout de même que la date de risque du dernier gel, pour la région de Montréal, correspond à la fin du mois de mai. Dans la région de Québec, elle oscille autour du début de juin et dans les régions plus au nord, vers la mi-juin.

Quand planter ?

La plupart des jeunes plants de fleurs annuelles sont très sensibles au gel. Il faut donc attendre que tout risque de gel soit écarté. Si, par malheur, on annonce un petit gel et que les fleurs annuelles sont déjà plantées, on peut tenter de sauver les plants en les arrosant généreusement la veille. Une plante souffrant d'un manque d'eau est plus sensible au gel.

On peut aussi recouvrir les fleurs d'un drap léger maintenu en place par des pierres, formant ainsi une petite serre temporaire.

Appliquer du compost

Le compost, riche en matières organiques, est essentiel à la culture de la plupart des plantes. On applique sur le sol une épaisseur d'environ deux centimètres de compost. Ce dernier est ensuite incorporé à une profondeur maximale de 15 cm. Une pelle ou une fourche conviennent pour exécuter cette opération. Les enfants peuvent participer à cette étape en vous aidant avec une truelle ou une grosse cuillère à soupe. L'apport de compost se fait généralement très tôt au printemps ou tard à l'automne. On répète l'opération environ tous les trois ou quatre ans.

Arroser les fleurs

L'arrosage est l'élément clé pour avoir de belles plantes fleuries. C'est aussi une activité que les enfants aiment prendre en charge. Il est important d'arroser les plantes tous les jours, sauf lorsqu'il pleut évidemment. Établissez une routine, le matin ou après le repas du soir. Montrez à l'enfant à toucher le sol pour voir s'il est sec ou humide, ce qui lui permet d'arroser en conséquence.

Laissez les enfants s'arroser au passage et, à l'occasion, vous arroser aussi! Ainsi, cet arrosage prend la forme d'un jeu!

Il faut aussi apprendre à l'enfant que l'arrosage doit se faire en profondeur. Il ne faut pas simplement colorer la surface du sol. Il faut passer et repasser plusieurs fois de suite.

Fertiliser les fleurs

Même si elle n'est pas essentielle, surtout si le sol est bien enrichi de compost, une bonne fertilisation favorise le développement du feuillage et des fleurs. Elle peut prendre différentes formes.

On peut appliquer un engrais granulaire. Ces petits granules s'appliquent directement au sol et sont légèrement incorporées simplement en brassant le sol avec les doigts. Ce type d'engrais peut être à base de farine de crabe ou de crevette, de fumier de volaille ou de basalte.

L'engrais peut aussi être de forme liquide. Il s'agit souvent d'un concentré que l'on dilue dans l'eau avant de l'appliquer. Parmi les fertilisants liquides, le concentré d'algue marine et l'émulsion de poissons sont les plus connus.

Pour ce qui est du dosage et de la fréquence d'application, chaque produit a ses propres recommandations. Il faut donc bien lire les étiquettes !

Contrôler les insectes et les maladies

En général, les fleurs annuelles sont peu sujettes aux attaques d'insectes ravageurs et de maladies. Si des invasions d'insectes surviennent, la solution la plus écologique demeure la cueillette manuelle des indésirables. En général, les enfants aiment faire la chasse aux insectes nuisibles et sont moins dédaigneux que les adultes ! Les insectes sont déposés dans un petit bol rempli d'eau additionnée de quelques gouttes de savon à vaisselle liquide. Assez pour que l'eau mousse.

Côté maladies, c'est le blanc, ou oïdium, qui est le plus susceptible de se développer. Il forme une couche blanchâtre et poudreuse à la surface des feuilles. On peut le contrôler de manière écologique en appliquant sur les feuilles attaquées un mélange composé de 45 ml (trois cuillères à soupe) de bicarbonate de soude (la petite vache) dilué dans quatre litres d'eau. On pulvérise ce mélange sur le feuillage une fois par semaine en s'assurant de bien le mouiller (l'eau doit s'égoutter sur le sol).

Découvrez les mauvaises herbes

Ici encore, Juju a raison. Les mauvaises herbes ne sont pas toutes méchantes. À preuve, certaines sont comestibles ! C'est le cas des feuilles de pissenlit, de pourpier et de chénopode blanc. Ce dernier porte aussi le nom plus populaire de chou gras. On peut aussi consommer les fleurs du célèbre pissenlit et saupoudrer les salades de ces pétales dorés. Bon appétit !

Le site Internet de Juju

Tu peux maintenant avoir accès au site Internet de Juju à www.petitejuju.com. Tu y trouveras des activités gratuites. Bonne visite.

Catalogage avant publication de Bibliothèque et Archives Canada

Boudreau, Julie

Juju : mon jardin de fleurs

(Jardins d'enfants)

Pour enfants de 4 à 8 ans.

ISBN 978-2-923382-16-6

1. Floriculture - Ouvrages pour la jeunesse. 2. Jardins d'enfants (Jardinage) - Ouvrages pour la jeunesse.

I. Dauphin, Erich, 1971-   . II. Titre. III. Collection.

SB406.5.B68 2007   j635.9   C2007-940260-7

L'éditeur remercie :

• la Société de développement des entreprises culturelles (SODEC) du Québec pour son programme d'aide à l'édition.

• Gouvernement du Québec – Programme de crédit d'impôt pour l'édition de livres – gestion SODEC.

Bertrand Dumont éditeur inc.,
CP n° 62, Boucherville (Québec) J4B 5E6.
Tél. : (450) 645-1985.
Téléc. : (450) 645-1912.
Internet : (www.jardinplaisir.com)

Éditeur : Bertrand Dumont
Révision : Communications GPS
Conception de la mise en pages : Norman Dupuis
Infographie : Charaf El Ghernati

IMPRIMÉ AU CANADA

© Bertrand Dumont éditeur inc., 2007
Dépôt légal – Bibliothèque et Archives nationales du Québec, 2007
Bibliothèque et Archives Canada, 2007
ISBN 978-2-923382-16-6